# 人類にメッセージ

澁谷貢
Mitsugi Shibuya

文芸社

人類にメッセージ　目次

# 人類にメッセージ

# ごあいさつ

今まで人類が歩んできた歴史を紐解きながら振り返って考えるとナショナリズムが台頭し、テロリズム、爆発、紛争の繰り返しの連続であったと思います。

決して平坦な道程では無かったと思います。もちろん、一時平和であっても、世界各地域では、現実に紛争が起こっていますので恒久平和共存が確立されなければなりません。今後、人類が未来に向かって歩むべき進路、平和への道は、人類の理解と協力によって着実に成果をあげながら積み重ねて努力しなければならないのです。そのためには、人類の意識改革の必要性を痛感しています。意識の方向転換をすることによって、人類全体で取り組まなければならない解決を必要とする諸問題が山積しているからです。困難を克服しながら忍耐強く、寛容な心と説得力を持って問題解決に取り組むことが必要であります。

人種、種族の差別は認めない。

信条、宗教、教会、神、思想は自由です。

人類の交流と連携強化によって平和を築くことが「地球を守る」

ことになるからです。

きれいな地球、美しい地球、住み心地良い地球で生活をするために、また次世代のために人類の心の環境を美しく復活させるにはどうすればいいのでしょうか。

意識を転換することだと思います。

提案したいことがあります。

それは、「人類の役割」と「人類にメッセージ」を再認識することだと思います。

人類が平和政策を実行する必要があります。

世界人類が平和でありますように。

世界に向かって発信する良い機会だと思っています。
株式会社文芸社、青山泰之氏の御厚意と、最後に、この本の刊行に寄せられた、文芸社代表、瓜谷綱延氏の格別な御助言、御配慮に心から御礼と感謝を申し上げます。

二〇一九年七月二十日

澁谷　貢

# 第一章　意識の方向転換

今から四十五億年前に誕生した生命の星、地球、人は考える生活をすることによって、知恵を絞りながら、困難を克服しながら、進歩発展をしてきました。

しかし現代の国際社会は人類全体で考えなければならないたくさんの問題を抱え込んでいます。

例えば地球温暖化によって発生する自然災害や火山爆発対策、地殻の変動による地震、津波、豪雨対策、海水温の上昇が原因とされる強風、竜巻、雷、雹、スコール、ハリケーン対策など情報交換と知識と議論が必要であります。

産廃ごみ、公害などの問題、大気汚染や水質汚濁や土壌汚染対策、森林破壊や大地の砂漠化対策、絶滅危惧種の動物、植物を保護することも重要であります。

豊かな海が生物を育んでいると思います。海洋環境の保護、海洋生態系を保全することが大切だと思います。

動物、植物、昆虫、鳥など多種多様な生態系を保全しながら、地球の緑化推進と自然との共生の中で、人類の共通の課題を人類全体で解決するという意識の方向転換をすることが必要であります。

自然環境の中で、どのようなバランスをコントロールするかも重点課題です。

# 第二章　道徳心と涵養

人類は国際社会において、人間のあるべき道を理解し協力して道徳心の価値を創造することが必要だと思います。

何が善いか、何が悪いか、何が正しいか、何が正しくないか、真、善、美の心を育むこと。

わが国「教育基本法第一条」では、

「教育は、人格の完成を目指し、平和的で民主的な国家及び社会の形成者として必要な資質を備えた心身ともに健康な国民の育成を期して行われなければならない」と明記されています。

要するに

一、生命の尊重
二、個性を生かす自分から進んで実践躬行する
三、地域社会、国際社会として平和を追求する
四、正義のために慣習として道徳心を育む
五、協調の精神と感謝の心をささげる

ことが大切だと思います。

例えば、産廃ごみ、公害問題も現在深刻な状況であると思います。「二〇一八年、インドのガンジス川からインド洋へプラスチックごみなどが流れている」と報告されています。「二〇一八年、ロシアのバイカル湖の一部もヘドロが溜まって水質汚濁されている」と報告されています。

何とか地球を回復しなくてはなりません。きれいな空、きれいな海、きれいな地球を守るために、人類は地球を管理する役割を担っています。

未来に向かって、管理、維持、運営するために、限られた地球の資源を再資源化する、また再利用する必要に迫られるなど、人類が直面する課題が山積しています。

地球環境を守ることは、人類の使命です。人類の協調と相互理解によって、多様性を認めあいながら、全体で「地球を守る」という意識の転換と道徳心を涵養《かんよう》することが大切であります。未来に向かって次世代に引き継ぐ義務を負っているのです。

# 第三章　多様性と寛容

人間の多様性を認めあいながら地球環境を守るという理想を掲げて、いつも忍耐と寛容な心で、コミュニケーションをはかりながら、お互いに理解し協力することによってのみ平和はつくられ保たれるはずです。

交流と親睦を深めることによって、信用と信頼と安心を築くことだと思います。

人類の存在が地球の平和を創造することになります。

世界人類が平和でありますように。

「一隅を照らす此れ則ち国宝なり」とは、天台宗、最澄の言葉です。

一隅とは、あなたのいるその場所です。

個性を生かす人類の存在が、家族、学校、地域社会、国際社会、世界、地球を照らすことになります。

人類は、多様性を寛大な心を以って認めあいながら、自然環境との共生の中で、人類の健康の増進と福祉の向上を図る必要があると思います。

「地球を守る」緑化推進と地球に働きかけるやさしい心こそ大切に

する。そして人類の進歩と平和を創造することだと思います。

# 第四章　忍耐心と説得力

人間は困難な問題に遭った時、つらい時、苦労をかけている時、ディレンマに陥《おちい》った時、悲しい時、耐える時、我慢することです。そして一生懸命に努力することが大切であります。また、話し合いを継続することが必要であります。

即ち、話し合いのテーブルにつくことだと思います。

主題、副題を目を見ながら、聞く耳を持ちながら、知恵を絞りながら、同意点を見いだしながら、誠心誠意討論することだと思います。相手側に意見や主張を十分伝える説得力と自らの強い忍耐心も必要であります。

話し合いが順調に進む場合もあれば、進まない場合もあります。順調に進めば共同宣言が掲げられて、記者会見の席が設けられます。

後日話し合いを継続するために、会議終了後、必ず次回会議の日時、場所、テーマを決めて相手側に伝えることが大切です。

人類の理解と協力によって、忍耐強く、説得力を持って、全体で「地球を守る」という意識を共用しながら平和を実現することが大切であると思います。

# 第五章　世界の平和

世界の平和は、人類の間の紛争を話し合いによって平和的解決をすることによってのみ可能だと思います。

必ず回避《かいひ》する方向に進むはずです。

地球に存在する地域社会、国際社会において多様性を認めあう世界観を築きながら、意識を転換することだと思います。

人類共通の課題を各国の権益に拘《こだわ》るのではなく全体で取り組むべ

き課題が山積しています。

例えば、人間の活動によって生じる産廃ごみ対策、地球温暖化対策、公害対策、海洋生態系保全対策、国際理解と国際協力がどうしても必要であります。

「世界の平和」のために信用と信頼と安心を築きながら、恒久の平和の実現に向かって歩むべき道、それは人類が次世代に引き継ぐ使命であります。

困難を克服しながら、不可能を可能にする、そして、対話を進めながら、共通点を見いだしながら、歩み寄ることで人類の平和、世界の平和、地球を守る平和を実現することが必要であります。

# 第六章　地球を守る

人類は、地球を管理する役割を担っています。

人類全体で「地球を守る」という意識の方向転換が必要であります。

今日まで人類の歴史の歩みの中で、活動によって、有害な化学物質、無害な化学物質、無用有害物質が生産されています。

二〇一八年五月現在で十万種ほどと言われています。

産廃ごみ、公害、そもそも人間の生活を豊かで便利に、そして幸せにしようという願いが生んだ自然科学や機械文明は、地球環境を破壊し、これは悲しい現実となっています。

人類の存在があることによって、きれいな地球、美しい地球を創造することが「人類の役割」だと思います。

人類の基本的人権と人類の存在的基本権、人類の生命の尊重だと思います。

地球環境を守ることは人類の使命です。

そして、人類の心の環境を美しく復活させるにはどうすればいいのでしょうか。

きっと、人類の交流の中で、親睦を深めることによって理解と協力を得ながら、信用と信頼と安心を築くことだと思います。

豊かな海が生物を育んでいます。人類の役割は、豊かな地球環境を保全することです。

海岸、山、火山、岩山、石山、砂漠、河川渓谷、沢、滝、湖、田、原野、畑、沼、湿地帯、マングローブ、干潟、氷河、雪、空、大気、水など、大気汚染や水質汚濁や土壌汚染のない、美しい自然、きれいな自然の地球環境を保全する必要があります。

そして、森林、樹木、雑木、植物、動物、昆虫、鳥など、地球生態系、海洋生態系を保全すること、そして地球資源を大切にする。

人類の存在が「地球を守る」ことになるはずです。

人類は、地球を管理する役割を担っています。

全体で運営、維持、管理が必要であります。海面水温の上昇現象は世界各地域に異常気象をもたらしています。いわゆるエル・ニーニョです。

原因を究明すること、対策を講じることが必要です。

人類全体で「地球を守る」という意識の転換と平和を築くという連帯の意識改革が必要であります。

# 第七章　太陽に感謝する

人類が住んでいる天体地球は、太陽によって生かされています。
太陽は、地球に熱と光のエネルギーを与え万物を育む恒星であります。
人類は、太陽と大地と海の恩恵に感謝する心を持つことが大切だと思います。
太陽の装置を変えて「太陽光発電」「ソーラーカー」「ソーラーシ

エアリング」など、「ソーラーシステム」を開発すること、そして、地球環境にやさしいエネルギーを推進することが必要であります。

海水は水蒸気となって雨となります。

ここでも地球は、太陽によって生かされています。

豊かな森林は雨水を蓄え、きれいな水は森林からやってきます。

そして、二酸化炭素（$CO^2$）を吸収して、空気をきれいにしています。

豊かな緑は、森林浴で、人類の健康と英気を養ってくれていると思います。

植物が光合成によって作り出す酸素が、人類や、生物の生存を可能にしています。

人類の創造と給水技術によって、熱帯地方の水の問題は解決されると思います。

よって、人類は、太陽と海と水の恩恵に浴する。

そして、人類の意識の転換と全体で太陽に感謝する心を育てることが大切だと思います。

# 第八章　月によって成長する

人類は、月によって成長すると思います。今から四十五億年前に誕生した生命の星、地球は、太陽と月と共に存在してきました。

人体の部分は月のへんの字が多く使われています。

例えば、肩、腕、脳、胃、腹、膝、腰、腸、肺、心臓、肝臓、脾臓、腎臓などです。

各細胞、各組織の成育など、人間は夜、成長すると言われています。

人類は、月によって成長すると思います。

月は、太陽につぐ明るさと光や形の美しさで、人類に親しまれています。また規則正しい、満ち欠けのくり返しは、日を数えることに利用されています。

周期は、潮汐の周期と一致するので、漁民や船乗りに深い関心がもたれるなど、古来、人間の生活に密接に関係しています。

人類にとって月は、昔は空想の世界でした。しかし現実に、一九六九年七月二〇日、人類は、月面に立ちました。

そして、月の石を持ち帰りました。

その石を、一九七〇年五月二二日、私は大阪の万博で見たことがあります。

可能になったその時を今も覚えています。人類は、月によって成長するのです。

月に感謝することが大切だと思います。

人間相互の意識の転換が必要であります。

# 第九章　人類の未来

人類の永遠の生命の中で、子育て、教育、医療、介護、福祉、そして、人類が開発した医療機器など、最先端の技術によって、人類の健康は実現が可能となっています。

人類の創造によって、太陽光発電、風力発電、水力発電、地熱発電など地球環境にやさしいエネルギーの開発、研究が行われています。

電気自動車、電気自転車の普及、蓄電池、蓄電器の新開発、各機械、各部品、各道具、飛行機、船舶、鉄道の車両、新幹線、リニアモーターカー、ドローンの開発など技術革新は益々推進されています。

また医療分野、新素材の開発、食料、品種改良、住宅、耐震工法の技術革新、新薬品の開発、研究も続けられています。

更に各国企業の合併、投資、貿易、金融、株、国債の発行、償還など、市場調査、研究と、人類間の情報交換なども行われています。

その上、人類の経済活動、食文化、健康、予防医学、運動、各スポーツなど人間相互の交流の中で互譲の精神を育むことも大切です。

夢のような宇宙開発計画、宇宙旅行の実現までもが一歩一歩近づいています。

生命体、海、岩、マグマ、核、進化の過程を研究し、やがて地球誕生の起源を解明する日がくるかもしれません。

発展発達しながらも、過去の遺産もないがしろにせず大切にする必要があるでしょう。

人類の歩みの中で、地球に残した自然遺産、文化遺産は、人類共通の貴重な財産として、永久に保存されるべきです。

それらは人類の努力と忍耐の結果です。

人類の連携強化によって、次世代に引き継ぐ義務があるのです。

意識改革が必要です。

# 最終章　あとがき

フランスの彫刻家ロダンは、一八四〇年パリに生まれ一九一七年七七歳で亡くなっています。

彫刻を絵画的、文学的方向に進めた印象派と言われています。「考える人」など代表作を残しています。

彼の言葉に「青年諸君たちに先だつ大家《たいか》たちを心を傾けて愛されよ。しかしながら、君たちの先輩を模倣せぬよう戒めよ、伝統を尊敬しながらも、伝統が含むところの永久に実あるものを識別することを知れ」とあります。それは「自然の愛」と「誠実」と「情熱」です。

芸術家の資格はただ「知恵」と「注意」と「誠実」と「意志」と説かれています。

人間にとってたった一度の人生をかけがえのない機会ととらえて人生をいかに過ごすかは人それぞれですが、人類にとって、過去、現在、そして未来に向かって歩むべき道、人類の目標は何でしょうか、今こそ「人の心」を見直す時ではないでしょうか。

人類の心の環境を美しく復活させるにはどうすればいいのでしょ

うか。

私は、意識改革を推進する良い機会だと思っています。

意識を転換することが必要であります。

世界人類に向かってメッセージを発信することが大切であります。

愛や慈悲に満ちた豊かな人間性を育む教育をする。個性を育てることが必要であります、人類は、永遠に価値を創造するでしょう。

「地球を守る」「人類の役割」「人類にメッセージ」を再認識することを提言します。人種、種族の差別は認めない。

信条、信念、宗教、教会、神、思想は自由です。

言葉、言語、音楽、運動、ダンス、各スポーツ、芸術、絵画、登山、探検、気象、為替、貿易、生活、文化、保育、児童、道路、交通など各教育の分野、また農業、林業、漁業、などのあらゆる分野にわたって、人類の交流と連携によって対話することが有意義です。

ここに「人類にメッセージ」をご精読いただき感謝申し上げます。

平和ありがとうございます。

合掌

二〇一九年七月二十日

澁谷　貢

# 最終章　あとがき

著者プロフィール
**澁谷 貢**（しぶや　みつぎ）

1937年（昭和12年）末長の旧家に生まれる
1965年（昭和40年）日本大学法学専攻科修了
1970年（昭和45年）行政書士事務所開業
1993年（平成５年）神奈川県行政書士会理事
1995年（平成７年）県運輸交通部長
1997年（平成９年）川崎北副支部長
2009年（平成21年）株式会社渋谷企画代表
2016年（平成28年）川崎信用金庫総代

著書
『澁谷貢写真集　～春から冬へ～』（2017年　百年書房刊）
『澁谷貢写真集　～巨樹を訪ねて』（2018年　百年書房刊）
『人類の役割』（2018年　百年書房刊）

**人類にメッセージ**

2019年７月20日　初版第１刷発行

著　者　澁谷 貢
発行者　瓜谷 綱延
発行所　株式会社文芸社
〒160-0022 東京都新宿区新宿1－10－1
電話 03-5369-3060（代表）
03-5369-2299（販売）

印刷所　株式会社晃陽社


ISBN978-4-286-20990-6